DISCOURS

IMPARTIAL

SUR LES AFFAIRES ACTUELLES

DE LA LIBRAIRIE.

31

DISCOURS

IMPARTIAL

SUR LES AFFAIRES ACTUELLES

DE LA LIBRAIRIE.

Une jouissance limitée , mais certaine , est préférable à une jouissance indéfinie , mais illusoire.

(*Réglement sur la durée des Priviléges , du 30 Août* 1777.)

M. DCC. LXXVII.

DISCOURS

IMPARTIAL

Sur les Affaires de la Librairie.

UNE guerre vive, allumée, il y a plus de soixante ans, entretenue de part & d'autre par de longs Mémoires, divisoit depuis long-tems la Librairie de Paris & celle de Province : l'esprit de confraternité n'existoit plus, toute harmonie étoit détruite, l'anarchie étoit générale.

Le principal objet d'une si grande quérelle, étoit de sçavoir si les Priviléges du Roi en Librairie doivent être sans cesse renouvellés, ou si à leur expiration ils deviennent le patrimoine commun de toute la Librairie. La question étoit délicate, parce qu'on a cherché à la lier à celle de la propriété, à laquelle il est toujours dangereux de toucher.

„ M. de Colbert, dont l'autorité doit être d'un si grand poids en
„ matiere d'Administration, crut devoir remontrer à Louis XIV
„ les inconvéniens qui résultoient de ce que les Libraires de la
„ Capitale, plus à portée que ceux des Provinces d'obtenir & de
„ faire renouveller des Priviléges, étoient presque les seuls qui
„ imprimassent. Il parle avec force du tort que faisoient au Com-
„ merce ces renouvellemens de Priviléges, & de la nécessité de
„ rendre à une multitude de Familles la liberté de s'employer dans
„ un Commerce utile & légitime. „

A ij

Les Libraires de Province, en attendant la décision du procès, paroissoient l'avoir jugé en leur faveur, & même ils donnoient au gain qu'ils en espéroient, une extension dont les Libraires de Paris n'avoient que trop à se plaindre. En effet, depuis une dizaine d'années, les contrefaçons se font multipliées à un point, que le Magistrat pourra se convaincre aujourd'hui qu'il existe pour une somme plus considérable de Livres contrefaits dans les Provinces, que de Livres originaux dans la Capitale. A proprement parler, tout a été contrefait, grands & petits Ouvrages; rien n'a été respecté. Il y a des Libraires en Province qui ont des fonds de contrefaçons de cinq à six cens mille livres. Ce Commerce étoit devenu si familier à quelques-uns d'entr'eux, qu'ils en faisoient parade : ils s'en vantoient publiquement, & produisoient leurs contrebandes avec l'étalage le plus indiscret : souvent même les Livres étoient contrefaits en Province, avant qu'ils parussent à Paris, parce qu'on avoit dans les Imprimeries des Ouvriers gagés, qui envoyoient les feuilles à mesure qu'elles sortoient de dessous la presse. Le Commerce de la Librairie de Paris étoit anéanti. Il n'étoit plus possible de rien entreprendre, une concurrence destructive arrêtoit toutes les spéculations auxquelles on auroit pu se livrer. Nous pourrions citer des Ouvrages publiés cette année, qui auroient pu assurer à leurs Auteurs & aux Libraires un profit honnête, & dont on a fait des éditions si multipliées dans les Provinces, qu'on n'a pu même retirer les frais des Editions originales.

De-là ces rabais multipliés de nombre de petits Ouvrages, qui ont fait la honte de la Librairie, & dont la Police a cru devoir enfin arrêter le cours; rabais cependant nécessaire, puisque la contrefaçon de ces mêmes Ouvrages en Province, rendoit ces masses de Livres inutiles dans la Capitale.

D'où venoient ces étranges abus ? D'un abus peut-être encore plus grand, de ces priviléges illimités, éternels, dont la Librairie de Paris ne cessoit de solliciter le renouvellement; de cette ombre de propriété qui rendoit nulle pour elle la rigueur des Ordonnances, parce que les Magistrats ne pouvoient être favo-

(5)

rables à une propriété de plusieurs siécles, dont le titre
& le prix n'étoient souvent que la grace même du
Privilége que le Souverain avoit bien voulu accorder.

Les Libraires de Province se plaignoient que ceux
de la Capitale vouloient concentrer toute la Librairie
du Royaume dans leurs mains : exclus même des Ventes de la Chambre Syndicale, ils ne pouvoient pas
profiter des avantages qu'elles préfentoient pour s'affor-
tir, acquérir des Priviléges, augmenter leurs fonds,
entretenir leurs Preffes ; ils fentoient qu'ils étoient
réduits à n'être que les Revendeurs, les Facteurs de
ceux de Paris ; ils fe plaignoient qu'on leur refufoit
même d'exécuter ce qu'on ne vouloit entreprendre, & qu'on aimoit mieux laiffer manquer un Ouvrage dont on avoit le privilége, & dont le Public
avoit befoin, que de le laiffer réimprimer en Province. Ces injuftices les révoltoient : ils ne pouvoient
concevoir auffi qu'ils n'euffent pas le droit de réimprimer au bout de deux ou trois cens ans un Ouvrage
dont les Etrangers pouvoient s'emparer à chaque
inftant : ils alléguoient qu'un Livre fans Privilége appartenoit à tout le monde, & ils défioient même les Libraires de Paris de montrer les titres d'une foule de
Livres dont ils avoient les Priviléges. Le Commerce
fouffroit de tous ces débats, la confiance étoit détruite, on avoit renoncé aux Echanges fi utiles dans
ce Commerce. Les Libraires de Province fuyoient la
Capitale, le défordre étoit à fon comble, & tout an-
nonçoit le dépériffement général de la Librairie ; lorfque le Chef de la Juftice s'étant fait rendre un compte
détaillé des plaintes réciproques, a cru devoir mettre
fin à ces guerres inteftines par de nouveaux Arrêts qui
concilieroient lés Combattans. A peine cependant ces
Réglemens furent-ils publiés, qu'un deuil univerfel
s'empara de toute la Librairie de Paris : la défolation fut
générale. Quand tous les Libraires auroient perdu
leur état, quand on leur auroit enlevé tous leurs Magafins, la confternation n'eût pas été plus grande.

On répandit le bruit que la propriété étoit attaquée ;
quelques Gens de Lettres, que les plaintes doulou-
reufes des Libraires avoient touchés, fe rangerent

d'abord de leur côté : on préfenta des Mémoires aux différentes Académies : l'Univerfité follicitée crut devoir faire des repréfentations ; les Papetiers, les Relieurs crurent devoir auffi fe mettre de la partie : quelques Libraires même répandirent le bruit qu'ils fufpendroient leurs paiemens, & qu'ils renonçoient pour toujours à acheter des Manufcrits. Les Veuves de la Librairie, en longs habits de deuil, allerent à Fontainebleau folliciter Mgr. le Garde des Sceaux. On crut qu'on feroit céder le Magiftrat, en réuniffant tant d'efforts ; mais le Chef de la Juftice ne vit, dans toutes ces clameurs & l'importunité de tous ces mouvemens, que l'effet ordinaire de tout Réglement nouveau, dont on n'a pas encore bien faifi l'efprit, & qui doit dans les commencemens jetter dans quelques alarmes : Il fut inébranlable, parce qu'il devoit l'être.

Un Ecrivain, que nous ne connoiffons pas, s'étant permis de difcuter ces Arrêts, nous croyons devoir lui répondre : nous le ferons fans aigreur & avec toute l'impartialité dont nous fommes capables, perfuadés d'ailleurs que cette difcuffion peut, dans la circonftance préfente, être très-utile aux Libraires de Paris, & fervir à éclairer les Gens de Lettres fur leurs véritables intérêts.

De la Propriété.

La propriété eft un droit fi facré, que le moindre Réglement qui y donneroit atteinte, devroit néceffairement jetter l'alarme dans les efprits ; car les Loix ne font établies que pour la défendre, & les nouveaux Réglemens ne doivent avoir pour objet que de la maintenir.

Comment feroit-il donc poffible que fous un jeune Monarque, dont tous les Actes n'ont été jufqu'à préfent que des monumens de bienfaifance, les Libraires fuffent les feuls dont les propriétés fe trouvaffent attaquées ?

Ne feroit-ce pas l'abus du mot qui feroit trouver de l'injuftice dans les Réglemens ? Eft-il bien fûr que les nouveaux Arrêts, en limitant les Priviléges, attaquent la propriété ? Les Libraires de Paris affurent que le Privilége n'eft point le titre véritable de la propriété ; ils ne le regardent que comme une formule qui leur donne le droit de vendre un Livre dont ils ont traité , & qui étoit néceffaire pour défendre à tout autre d'ufer de la même permiffion.

Les Libraires de Province difent, au contraire , que fi le Privilége n'eft point le titre de la propriété, les Libraires de Paris en ont fait un fingulier abus ; car ils citent des milliers d'Ouvrages dont les Libraires de Paris fe difent les propriétaires , & dont ils n'ont d'autres titres que les Priviléges.

Tâchons de concilier ces oppofitions , & de nous former une véritable idée de la propriété en Librairie. Le feul moyen d'y parvenir eft de la confidérer fous plufieurs faces.

De la Propriété en Librairie, confidérée fans le Privilége.

Peut-on comparer la propriété d'un Ouvrage à celle d'une maifon, d'une vigne, d'un pré ? Pourquoi non ? Un Homme de Lettres, un Libraire, ont fans doute à perpétuité la propriété de leurs Ouvrages ; tant qu'un Homme de Lettres garde fon Manufcrit, il lui appartient, c'eft un bien qui n'eft uniquement qu'à lui ; tant qu'il n'a pas jugé à propos de le publier ou de le céder , perfonne ne peut le lui enlever ou le forcer à l'abandonner , fa poffeffion a toujours été inviolable à cet égard. Quand il le vend à un Libraire , ce dernier a également un droit de propriété inviolable fur les Editions qu'il donne ; en tout tems il doit conferver , & conferve en effet fon fonds pour lui & fes ayans caufe. Les Jurifconfultes, anciens & modernes , ont tous défini la propriété , *jus in re.* La propriété ne peut exifter fans un objet ; les Livres , tant qu'ils font dans la main de l'Auteur ou de fes repréfentans , font certainement leurs propriétés ; & ce n'eft qu'en confidérant la propriété en Librairie de cette maniere , qu'on peut raifonnablement la comparer à celle d'une maifon , d'un champ ; mais fi elle

eſt la même, quant au fonds, que celle des autres propriétés, il faut convenir, en l'enviſageant ſous d'autres
faces, qu'elle eſt bien différente, quant à l'effet &
au produit. Les Etrangers s'en emparent à chaque inſtant, même en tems de Paix, quoiqu'ils ne puiſſent
s'emparer ni de nos champs, ni de nos maiſons; par
repréſailles nous leur prenons les Livres que nous
croyons être à notre convenance, nous les réimprimons,
nous en demandons le Privilége, & les Libraires ſe
diſent propriétaires d'Ouvrages, qui, dans ce cas,
n'ont d'autres titres de propriété que le Privilége.

Dans toute l'Europe, les Libraires paroiſſent être,
relativement à leur propriété, dans un état de guerre
continuelle, on ſe fait même un honneur de cette eſpece
de vol, quand il n'a lieu que de Nation à Nation, car on
dit qu'on enrichit ſa Patrie des productions de l'induſtrie
étrangere : cette propriété differe encore de celle qui
conſtitue une Maiſon, une Terre, en ce que ces derniers biens ſont aſſujettis au Centiéme denier, payent
des droits de lods & ventes, de mutations, & que
les Livres ne payent rien de ſemblable.

En conſidérant donc nos Livres ſans Priviléges,
nous verrons que ce que les Etrangers ſe permettent,
les Libraires Nationaux ſe croyent en droit de les imiter. Les Contrefacteurs, ſoit de France, ſoit de l'Etranger, ne croyent pas commettre un vol, ni attaquer
la propriété de l'Auteur ou de ſes Ceſſionnaires, en
réimprimant leurs Ouvrages, parce qu'ils ne peuvent
pas ſe perſuader que le ſtyle, les penſées, une fois
mis au jour, ont un droit de propriété perpétuelle :
les Contrefaçons cependant ſont un véritable impôt
ſur l'eſprit d'autrui ; en multipliant les copies, il eſt
certain qu'on diminue la valeur des originaux, &
c'eſt par cette facilité qu'on a d'imiter les productions
de l'eſprit, que ce genre de propriété differe encore
de tout autre.

La propriété en Librairie étant bien réelle, quant
au fond, on voit qu'elle eſt bien différente, quant
à l'uſage & au produit.

La concurrence emporte ici une partie de la valeur
du fonds : la queſtion eſt donc de ſçavoir, ſi elle

doit être permife ou défendue ? Si l'Imprimerie n'exiftoit pas, (& elle n'a pas toujours exifté ,) la concurrence alors étoit certainement permife.

Du tems d'Horace & de Virgile, où les Livres ne
fe multiplioient que par la voie de copies à la main ,
tout le monde n'avoit-il pas le droit, quand il avoit
acheté une copie, d'en faire faire d'autres; il n'y avoit
pas fans doute de droit exclufif de propriété qui pût
empêcher la multiplication de ces copies. Or l'Art de
l'Imprimerie n'eft qu'une manière abrégée de multiplier
les copies , & la différence dans l'inftrument peut-
elle en faire une dans le droit ? Depuis l'invention de
ce bel Art , cette propriété même exclufive a-t-elle
eu lieu ? L'Hiftoire des faits ne nous prouve-t-elle pas
qu'avant la création des Priviléges , un Libraire qui
donnoit un Ouvrage au Public n'avoit que l'efpérance
de la nouveauté , il étoit fur le champ contrefait par la
voie de l'impreffion dans toutes les Provinces : il l'eft
encore aujourd'hui chez les Etrangers , quand l'Ouvrage mérite les honneurs de la réimpreffion ; actuellement même , les Livres qui ne font pas dans le cas
de la grace du Privilége, ne font-ils pas un bien commun de toute la Librairie ?

Perfonne ne s'eft jamais élevé contre les contrefaçons de ce genre : on ne s'eft jamais cru en droit
de pourfuivre ceux qui réimpriment les Ouvrages
qui n'ont qu'une fimple Permiffion, quoique la propriété étant une, devroit s'étendre fur tous les Livres
indiftinctement.

Il eft donc certain que s'il n'y avoit pas de Priviléges , non-feulement les Etrangers s'empareroient
de nos meilleurs Ouvrages, comme ils le font tous
les jours, mais tous les Livres donnés dans le Public,
deviendroient un bien commun de tous ceux qui
exercent l'Imprimerie ou la Librairie, puifque cela a
lieu tous les jours pour les Ouvrages qui n'ont point
de Privilége ; la propriété , dans ce cas , ne s'éten-
droit que fur les Editions qu'on a faites , qu'on feroit
en droit de refaire ; tous les Livres rentreroient dans
la claffe ordinaire des produits de l'induftrie humaine ,
& n'auroient point de droit à une jouiffance exclufive.

Cette poſition ne ſeroit pas bien favorable ni à l'Homme de Lettres, ni au Libraire ſon ceſſionnaire : ſi elle eût long-tems ſubſiſtée, il eſt probable que l'Imprimerie auroit eu très-peu d'activité, parce que les Gens de Lettres ſentant l'impoſſibilité de retirer du fruit de leurs travaux, s'y feroient livrés avec moins d'ardeur.

Le Gouvernement conſidérant qu'un Ouvrage exige ſouvent de la part de l'Auteur pluſieurs années d'un travail aſſidu & difficile, & de la part du Libraire des avances conſidérables, a cru devoir venir à leur ſecours ; car il devoit paroître ſouverainement injuſte qu'un Homme de Lettres qui avoit employé une partie de ſa vie dans la compoſition d'un Ouvrage, dont la Nation quelquefois s'honorcit, ne fût pas favoriſé, & que le Libraire, ſon ceſſionnaire, n'eût pas le tems de jouir de ſon acquiſition. Ce fut donc pour diminuer le tort que les contrefaçons occaſionnoient, que le Souverain jugea à propos d'accorder des Lettres de Privilége, qui donnoient, pendant un tems limité, le droit excluſif de vendre un Ouvrage, & qui aſſujettiſſoient à des peines celui qui dans l'intervalle de ce tems le contrefaiſoit.

De la propriété en Libraire, unie avec le Privilége.

Le Privilége fut donc établi pour arrêter les contrefaçons, & favoriſer les plus belles productions de l'eſprit humain. L'envie de les répandre, ſoutenue de l'appas du gain, donna lieu d'abord à cette eſpece de contrebande que le Souverain crut avec raiſon devoir réprimer ; car, quoique la contrefaçon n'ôte pas la propriété proprement dite, il faut convenir qu'elle la bleſſe, & lui ôte de ſa valeur. Mais n'en eſt-il pas de même de toutes les productions de l'induſtrie ? Un ſecret ne perd-il pas de ſon prix pour l'Inventeur, lorſqu'il eſt découvert ? Une gravure, un deſſein, dont les copies ſe multiplient par la voie des contrefaçons ou de l'imitation, n'éprouvent-ils pas les mêmes déſagrémens ? Tous les Arts mécaniques ſont dans le même cas. Tous pourroient réclamer une jouiſſance excluſive, qu'on

(11)

n'a pas cru devoir leur accorder , parce qu'elle feroit contraire à l'intérêt commun du Public, & aux progrès de l'induſtrie. Il eſt ſi vrai qu'ils auroient les mêmes droits à cette jouiſſance excluſive, qu'elle a été accordée à Londres aux Peintres & aux Graveurs. Un Acte du Parlement de 1734, renouvellé en 1766, leur donne pendant 28 années le droit excluſif de vendre leurs Ouvrages, & ſoumet à des peines ceux qui les contre-font ou les copient.

Le Privilége a donc pour objet de favoriſer l'Homme de génie. C'eſt une grace du Souverain, qui donne pendant un certain nombre d'années une jouiſſance excluſive, qui n'auroit pas eu lieu ſans le Privilége. Si le Privilége devoit être perpétuel , on ne l'eût pas de tout tems limité à 6, 9, 12, 15, années, &c. On n'eût donné qu'un ſeul Privilége qui auroit confirmé le droit d'un Auteur ou d'un Libraire pour l'éternité. Le Privilége en Librairie n'eſt point différent des autres Priviléges que le Roi accorde dans les autres Commerces. Tous ces Priviléges ne ſont-ils pas limités ? Et le bien public n'exige-t-il pas qu'ils le ſoient ? Le Gouvernement n'eſt-il pas même expoſé à des réclamations continuelles contre ces Priviléges excluſifs , quoique limités.

Un Livre donné au Public n'eſt il pas un objet de commerce, & ne doit-il pas en ſuivre les regles ? Mais, dira-t-on, la prééminence de ce genre d'Ouvrages mérite une diſtinction particuliere : on eſt vingt ans à faire un bon Livre , & il n'y a pas de production dans les Arts , d'invention dans la Mécanique , qui exige un tems auſſi conſidérable. (*)

L'Homme de Lettres doit être encouragé , il faut lui rendre ſon travail utile : auſſi le Souverain, conſidérant que les Livres méritoient ſon attention particuliere , s'eſt-il déterminé à donner des Priviléges pour mettre cette eſpece de propriété à l'abri de la concur-

---

(*) Il y a cependant des Machines qui ont coûté 40 ans d'aſſiduité & de travail à leurs Auteurs. La *Montre marine* , de M. *Harriſſon* , eſt dans ce cas , & on ne lui a point accordé de Privilége excluſif: on pourroit encore citer la *Pompe à feu* , où le génie a eu beſoin d'être aidé des lumieres de la Phyſique.

rence pendant un certain tems ; & la plus grande marque de faveur qu'il ait jamais accordée au talent, est de convertir en immeubles, comme il vient de le faire par les nouveaux Arrêts, en propriété perpétuelle pour les Gens de Lettres, pour eux & leurs descendans, une jouissance qui jusqu'à présent avoit toujours été limitée.

Les Libraires de Paris citent sans cesse le célebre Chancelier M. d'Aguesseau, sous le Ministere duquel le Réglement de 1723, si favorable aux renouvellemens de Privilége, fut promulgué.

Les Libraires de Province, leurs adversaires, leur objectent que M. le Chancelier d'Aguesseau n'eut aucune part à ce Réglement ; ils assurent qu'il fut entiérement rédigé par des Libraires de Paris, sous les yeux de la Chambre Syndicale, & ils le prouvent, parce que ce Réglement n'est point digne de ce Grand Magistrat; ils le trouvent rempli de futilités, de détails minutieux, que l'esprit mercantil seul peut avoir enfanté & suggéré. Les Libraires de Province représentent qu'autrefois les Priviléges n'étoient pas éternels. Leur renouvellement est une invention moderne des Libraires de la Capitale.

Ils disent qu'il leur suffisoit autrefois de représenter devant les Juges des lieux que le Privilége d'un Ouvrage étoit expiré, pour obtenir la permission de le réimprimer.

Ce n'est que depuis les Lettres Patentes surprises le 2 Octobre 1701 par les Libraires de Paris, contre le texte de la Loi, qui n'en dit pas un mot, que cette prétention de renouvellement perpétuel de Privilége s'est établie. C'est depuis cette époque qu'on a pensé à convertir une jouissance de grace en une propriété de droit, & de vouloir la rendre perpétuelle. Les Lettres Patentes du 1er Juin 1618, sont bien formelles à ce sujet ; elles défendent expressément ces renouvellemens de Priviléges.

Les nouveaux Statuts de 1620, dressés par la Librairie de Paris, y sont conformes. Le Réglement du Parlement de Paris, de 1657, n'autorise le renouvellement de Privilége, que dans le cas d'augmentation du quart.

La contrefaçon n'a fait tant de ravages dans les Provinces, que depuis que la Librairie de Paris a voulu tout envahir ; ſes prétentions exceſſives ont produit ſes malheurs. Les Dépoſitaires de l'autorité ne pouvoient être favorables à des Priviléges excluſifs & éternels qui mettoient tout dans les mains des Libraires de la Capitale , & ne laiſſoient rien à ceux des Provinces. Si on eût appellé ces derniers aux Ventes de la Chambre Syndicale de Paris , comme il eût été prudent de le faire ; ſi on leur eût permis la réimpreſſion de quelques Ouvrages anciens , dont on ſe diſoit propriétaire , quoique ſouvent on eût été fort embarraſſé de montrer le titre de propriété , ils ne ſe ſeroient pas jettés à corps perdu dans les contrefaçons. On ne cherche point à faire un commerce périlleux , qui expoſe à chaque inſtant , & qui compromet l'honneur & la réputation , quand on peut trouver des reſſources dans un commerce ſûr & réglé. L'effet de tout Privilége étant la permiſſion excluſive d'imprimer & de publier pendant un certain tems un Ouvrage qui ſans ce Privilége ſeroit expoſé à l'imitation , à la concurrence , à la contrefaçon , il faut avouer qu'il devient le principal attribut de la propriété ; ce Privilege étant une grace du Souverain , eſt tout entier dans ſes mains. Autrefois même , quand les Bibliotheques étoient moins multipliées , & que le nombre des Amateurs n'étoient pas à beaucoup près auſſi grand qu'il l'eſt aujourd'hui , les Imprimeurs , ſentants l'impoſſibilité de conſommer une Edition dans l'intérieur du Royaume , furent quelquefois obligés de recourir aux Puiſſances Etrangeres , à l'Empereur , aux Rois d'Eſpagne , pour leur demander des Priviléges excluſifs ; mais ils ne furent jamais accordés que pour un tems limité.

Nous avons encore actuellement des Ouvrages , comme les Uſages de l'Ordre de Cîteaux , qui jouiſſent de cette faveur. Les Editions que M. Lambert , Imprimeur , fait à Paris des Livres d'Uſage des Bernardins , ſont pour tous les Ordres de l'Europe ; & cette grace étoit néceſſaire , parce que l'impreſſion de ces ſortes de Livres étant très-coûteuſe , & cette eſpece de fonds étant toujours ſubſiſtante ,

exige des avances qui demandent fans ceffe à être
renouvellées. Tous les Livres d'Ufage, par cette raifon, ont été diftingués dans les nouveaux Arrêts.

Mais fi le Roi ne difpofe pas de nos propriétés,
pourquoi à l'expiration du Privilége d'un Ouvrage,
le donne - t - il à tous ceux qui veulent l'obtenir ?
Pourquoi en fait-il une grace commune à toute la
Librairie ? On confond toujours la propriété avec le
Privilége. Votre fonds eft à vous, le Roi ne veut
point en difpofer ; mais comme il vous a fait la
grace de joindre à votre propriété un Privilége qui
vous accordoit une jouiffance exclufive pendant un
certain tems, ce qui étoit un peu contraire à l'intérêt du bien commun du Public, il veut à l'expiration, parce qu'il eft le Maître de fes graces, en
difpofer en faveur de ce même Public ; & fans vous
ôter la propriété de votre Ouvrage, en permettre la
concurrence, l'imitation à tous ceux qui exercent la
Librairie ou l'Imprimerie.

» Vous prétendez que l'origine de la fixation des
» Priviléges ne doit être attribuée qu'aux Ouvrages
» dont la propriété n'appartenoit à perfonne, comme
» un *Nouveau Teftament*, une *Imitation*, un *Virgile*,
» parce que ces Livres n'appartenant pas plus à un
» Imprimeur qu'à un autre, aucun n'ayant payé
» l'Auteur, la juftice vouloit qu'on reftreignît le droit
» commun que tous avoient de l'imprimer, autant
» qu'il étoit néceffaire pour remplir l'Imprimeur de
» fes frais. » Si cela eft, pourquoi n'en accorde-t-on
pas pour une foule d'Ouvrages nouveaux qui pa-
roiffent avec de fimples permiffions ? Pourquoi de
tout tems les Priviléges ont-ils été limités ? Pourquoi
autrefois étoit - il défendu de demander des renouvellemens de Priviléges ? Pourquoi les Libraires de
Province ont-ils toujours réclamé contre ces renouvellemens ? Pourquoi avez - vous toujours regardé
comme une grace plus étendue la durée d'un Privilége qui excédoit le terme ordinaire de fix années ?
La propriété ne réfide pas dans le Privilége, c'eft
la ceffion, la vente, le tranfport d'un Auteur à un
Libraire : on en convient ; mais bornez - vous-y donc.

(15)

Si vous follicitez les graces du Roi, pour augmenter le prix de votre acquifition, pour convertir une jouiffance que vous n'auriez qu'en concurrence, en une jouiffance exclufive, pourquoi donc exigez-vous que ces graces foient éternelles ? Le Roi en eft-il le Maître ? Vous n'oferiez le lui contefter : & s'il l'eft, pourquoi voudriez - vous le forcer à donner à fes bienfaits une extenfion qu'ils n'ont jamais eue , & que le bien public & les progrès de l'induftrie exigent qu'ils n'ayent pas ?

En Angleterre, où les droits facrés de la propriété font plus inviolables qu'ailleurs , les Priviléges font limités à 14 années , & fi l'Auteur furvit à ces 14 années, il obtient un dernier Privilége de 14 autres années. On a bien fenti qu'il ne falloit pas confondre les propriétés avec le Privilége. L'un eft une grace du Souverain, l'autre eft le *jus in re*.

En 1774 , les Libraires de Londres ont élevé contre les Libraires d'Ecoffe , les mêmes prétentions que les Libraires de Paris élevent aujourd'hui contre les Libraires de Province ; l'affaire a été difcutée par les Hommes les plus célebres de l'Angleterre , jugée en plein Parlement, c'eft-à-dire , par la Nation affemblée : les Libraires de Londres ont perdu , & le Statut de la Reine Anne a été confirmé.

Il eft aifé maintenant de fe former une idée nette de la propriété en Librairie & du Privilége.

Un Auteur & un Libraire n'ont, à proprement parler , que la propriété du Manufcrit & des éditions qu'ils ont dans leurs magafins ; ils peuvent les renouveller tant qu'il leur plaît à perpétuité.

Cette propriété ne feroit pas exclufive fans la volonté du Souverain , puifqu'une foule de productions de l'efprit humain n'ont pas encore ce droit, & qu'elles auroient les mêmes raifons de les réclamer, fi les droits naturels de la fociété ne s'y oppofoient pas.

Le Privilége ne donne , ni n'ôte la propriété ; c'eft une grace du Souverain qui augmente la valeur de la propriété en Librairie , en accordant à de certains Ouvrages une jouiffance exclufive, quoique limitée, dont ils ne jouiroient pas fans cette faveur.

Les Arrêts font très-favorables à la vente des nouveaux Ouvrages.

» Le droit de propriété emporte celui de tirer de
» mon fonds le meilleur parti poffible. »

Les nouveaux Réglemens n'y mettent aucun obfta-
cle : ils ne dépouillent ni leurs Auteurs, ni leurs
Ceffionnaires de la propriété proprement dite ; ils permettent feulement au bout d'un certain tems une concurrence légale que les Libraires de Province s'étoient
procurée jufqu'ici par une voie illicite. Le mal exiftoit,
il exiftoit trop généralement, pour qu'on pût l'arrêter :
d'ailleurs, comment profcrire pour une fomme immenfe
de Contrefaçons qui exiftent actuellement dans le
Royaume ? On prétend qu'il y en a pour plus de fix
millions. Il n'y avoit d'autre parti à prendre que celui
qu'indiquent les Arrêts : c'étoit d'accorder une am-
niftie, en multipliant les peines pour les nouvelles
Contrefaçons, & en prenant toutes les précautions
pour les prévenir dans la fuite. La Contrefaçon
n'exiftant donc plus pour les nouveaux Ouvrages,
n'eft-il pas clair que la propriété des Gens de Lettres,
même en cédant leurs Manufcrits, a réellement une
valeur double, triple de celle qu'elle avoit ci-devant.
Il n'y a perfonne qui ne fente qu'une jouiffance certaine, affurée, exclufive de 10, 15, 20, 30 années
d'un Ouvrage, eft infiniment préférable à cette même
jouiffance perpétuelle, mais expofée à mille concur-
rences dès les premiers jours. Celle des Libraires,
quoique limitée, eft auffi confidérablement augmentée par la même raifon.

Il paroît donc bien prouvé que la Contrefaçon étant
profcrite pour toujours, la propriété eft augmentée,
quoique le terme du Privilége foit limité, la jouiffance
étant exclufive. On ne manque pas d'objecter que cette
propriété auroit encore eu une plus grande valeur,
fi on eût voulu la rendre exclufive & perpétuelle pour
les Libraires, comme on l'a fait pour les Gens de
Lettres ; mais ne voit-on pas qu'on demande à l'Etat,
au Gouvernement une chofe impoffible. Si on la veut

perpétuelle,

perpétuelle, elle ne fera plus exclufive, par la raifon
que toute propriété d'induftrie perpétuelle étant nui-
fible au bien public, aux vues du Gouvernement,
aux progrès de l'induftrie, & qu'une telle propriété ne
pouvant fe foutenir que par la protection de l'Adminiftration, elle ne peut y être favorable, que quand
elle fera limitée. Elle eft perpétuelle & exclufive,
dira-t-on encore, pour les Gens de Lettres, tant qu'ils
confervent leurs Ouvrages ; mais qui ne voit qu'ils
ne les garderont pas toujours ? C'eft une grace de
diftinction qui n'entraîne prefqu'aucun inconvénient.
Peu de Gens de Lettres voudront prendre le foin de
vendre leurs Ouvrages chez eux : cette vente exige
des frais, entraîne des embarras ; elle les obligeroit
toujours de paffer par les mains des Libraires pour la
vente en détail, ce qui les mettroit dans le cas d'une
double remife : cette vente fera néceffairement bornée,
parce qu'ils n'auront pas la voie des Echanges, qui
eft le grand moyen de confommation dans ce Commerce. Si l'Ouvrage a le malheur de ne pas réuffir,
nulle-poffibilité alors de s'en défaire à aucun prix ; la
crainte de fe ruiner fera prefque toujours préférer la
voie de la Ceffion ; & fi par hafard quelques Gens
de Lettres expofent une partie de leur fortune à des
rifques, dans l'efpoir de l'augmenter, bientôt fatigués
de l'ennui des détails, de la lenteur des rentrées, des
crédits exceffifs, de la difficulté des expéditions, du
peu de bénéfice des éditions fubféquentes, ils renon-
ceront tôt ou tard à des effais qui leur auroient pris
beaucoup de tems, fans leur avoir procuré de bien
grands avantages.

Il eft certain que fi les Priviléges étant exclufifs &
perpétuels, euffent été refpectés ; fi la contrefaçon
n'eût pas eu lieu dans les Provinces & chez l'Etranger, les Libraires étant alors feuls Propriétaires d'un
» Livre, auroient pu les mettre à un prix exorbi-
» tant, & faire ainfi la loi aux acheteurs. » Ce monopole s'exerce encore aujourd'hui fur quelques Ouvrages dont les Editions tendent à leur fin : quand il ne
refte que 50 à 60 d'un Livre, le Libraite propriétaire,
eft bien le maître d'y fixer le prix qu'il veut ; mais

B

ce monopole n'a gueres lieu que fur des reftes d'éditions d'Ouvrages confidérables qu'on ne compte pas réimprimer.

Il n'eft point d'ailleurs particulier à la Librairie, il eft un objet de fpéculation ordinaire dans beaucoup d'autres Commerces ; l'abondance ou la rareté d'une marchandife en fixe affez communément le prix. Sur les petits Ouvrages, ce monopole a eu rarement lieu ; il eût été même mal-entendu fur ceux d'un débit rapide ; car, comme le remarque très-bien l'Auteur de la Lettre à un Ami, la perfpective de n'avoir plus dans dix ans le droit exclufif de vendre, forcera les Libraires à baiffer le prix : Eh ! mais ils l'ont cette perfpective, dit-il, » non pas dans un éloignement de
» dix ans, mais dans le moment même de la publi-
» cité de l'Ouvrage ; car ils fçavent que s'il eft bon,
» il va être infailliblement contrefait ; que c'eft le
» fort de tout bon Livre, & que toute la vigilance
» de la Police n'a jamais pu, ou n'a jamais voulu em-
» pêcher efficacement ces vols que la cupidité fe per-
» met fans fcrupule ; il eft donc de l'intérêt des Li-
» braires, & de leur intérêt le plus preffant, de mettre
» à ce Livre une valeur capable de précipiter d'abord
» le débit avant la contrefaçon, & enfuite de le
» foutenir à un prix affez modéré pour balancer l'avan-
» tage que préfente le Libraire contrefacteur, s'ils ne
» veulent pas que les Ouvrages reftent en entier dans
» leurs magafins. »

D'après cette expofition naïve & véritable, il eft bien étrange que les Arrêts ayent fait une fi grande fenfation. Si les Libraires de Paris font bien convaincus, que tout Ouvrage qui eft bon eft infailliblement contrefait, comme ils ne l'ont que trop appris à leurs dépens, les Arrêts, bien-loin de leur être nuifibles, leur font très-favorables, car ils leur donnent la certitude qu'ils ne feront plus contrefaits à l'avenir ; & quant à la limitation des Priviléges, elle doit leur être abfolument indifférente, car elle ne leur ôte ni leur fonds, ni leur part d'intérêts, ni le droit de réimprimer ; feulement elle permet, elle autorife une concurrence, qui, de leur propre aveu, avoit lieu dès le commencement dans toute la durée du Privilége.

Le Défenseur de la Librairie a fait , au sujet du monopole , une réflexion qui , au premier coup d'œil ,
paroîtroit détruire ce qu'on avance dans les Arrêts.
» Mais si ce monopole est si funeste au Public , pour-
» quoi donc le légitimer entre les mains des Auteurs ?
» Car enfin, si on craint avec fondement ce mono-
» pole de la part du Libraire à qui on laisseroit un
» Privilége à perpétuité , on doit le craindre égale-
» ment de la part des Auteurs , de leurs héritiers ,
» jusqu'à la fin des siécles. » Il est certain que l'inconvénient subsiste du côté des Auteurs : libres à perpétuité de leurs Ouvrages , ils seroient les maîtres
d'y fixer un prix arbitraire , onéreux au Public , & qui
pourroit l'être d'autant plus , que l'Ouvrage seroit
meilleur , & que le Public le desireroit d'avantage.
Cependant ce surhaussement dans le prix ne pourroit
jamais être fort considérable ; car l'Auteur ayant
encore moins de moyens de débit que le Libraire ,
doit nécessairement , s'il veut retirer promptement ses
avances, y mettre un prix modéré : d'ailleurs , ce qui
seroit un inconvénient pour toute la Librairie , devient
d'une conséquence infiniment moindre dans la main
des Gens de Lettres , parce que , comme nous l'avons
déja dit plus haut , il y en aura très-peu parmi eux
qui garderont leurs Ouvrages , à cause des embarras
qu'ils entraînent , & des risques auxquels ils peuvent
les exposer.

Un coup d'œil sur l'état actuel de la Librairie de
Paris , ne prouve que trop , que le monopole n'a pas
eu une grande influence sur les fortunes.

De toutes les branches de Commerce , il n'y en
a point de plus ingrate. Sur quatre cens Maisons
de Librairie , on n'en citeroit pas dix de riches , &
ces fortunes encore n'ont pas à beaucoup près l'éclat
de celles qui se font faites dans beaucoup d'autres
Commerces. Comme les Livres ne font pas de premiere nécessité , il y a un art de les produire , de
les vendre , qui devient très-fatiguant à la longue. Les
Echanges demandent de l'attention & de l'intelligence ,
car un Livre n'est jamais représenté par un autre Livre ;

& quand deux Libraires traitent en change, si tous deux ne sont pas éclairés & sur leurs gardes, il y a toujours une dupe, & la duperie dans cette espece de troc, monte à plus de 50 pour $\frac{0}{0}$. Les Libraires de Paris qui traitent en général avec bonne foi & sincérité, ont été long-tems la dupe & la victime de cette espece de trafic.

D'où vient ce peu de fortune des Libraires de la Capitale? De leurs prétentions excessives, de ces Priviléges éternels, de cette ombre de propriété, violée, attaquée dès les premiers jours de leur jouissance. Si les Libraires de Paris eussent senti, il y a vingt ans, que la contrefaçon n'étendoit ses ravages dans toute la France, que parce qu'on ne vouloit rien céder aux Libraires de Provinces, ils auroient abandonnés ces prétentions destructives : les Magistrats eussent alors été favorables à leurs demandes, les Contrefacteurs auroient été poursuivis ; & s'il existe, comme on n'en peut douter, pour plus de six millions de con-trefaçons dans la Librairie de Province, il est certain que depuis vingt ans, il en a été fait ou consommé pour plus de trente millions ; & si ce produit im-mense eût été versé dans les coffres des véritables Propriétaires, il y auroit pour dix millions de for-tunes de plus dans la Librairie de Paris.

La nouvelle Loi protege les Libraires de Province, sans faire de tort réel au Libraire de Paris : elle met une sorte d'équilibre entre les uns & les autres, en les rendant participans aux graces du Souverain.

Les Libraires de Province sont nos freres, & on les avoit un peu traités en bâtards : la nouvelle Loi rétablit l'égalité. Quoiqu'on en dise, les Libraires de Province n'avoient pas de moyens faciles pour acquérir des *Manuscrits*, faire des Ouvrages nou-veaux. Eloignés de la Capitale, n'ayant pas d'occa-sions fréquentes d'y venir, n'ayant nulle relation avec les Gens de Lettres, qui en général vivent à Paris, on ne seroit pas venu les chercher pour traiter avec eux. L'acquisition, d'ailleurs, des Manuscrits ne leur convenoit pas : plusieurs ont essayé de ce genre de commerce, & s'en sont mal trouvés, parce qu'ils prétendoient que les Libraires de Paris, jaloux de la

préférence des Livres nouveaux , ne vouloient pas
fe prêter à favorifer leurs entreprifes ; ils fe plaignoient
que lorfqu'ils envoyoient leurs Nouveautés à Paris.,
on ne les produifoit pas ; d'ailleurs ils ne pouvoient
jamais avoir, en fait de Nouveautés , que les rebuts
de la Capitale, & cette feule raifon ne pouvoit pas
les encourager à cette efpece d'entreprife. L'heureufe
idée des deux Foires par an , & de leur admiffion à ces
Foires , va enfin rétablir l'union.

Les Libraires de Paris avoient d'abord rejetté l'idée
de ces ventes , aujourd'hui ils les admettent d'une
voix unanime ; & l'on peut fe perfuader que, lorfque
les premiers effets de cette fermentation feront paffés,
les Libraires de la Capitale , plus éclairés, ne verront
pas dans ces nouveaux Arrêts tout le mal qu'ils
croient actuellement y trouver. Ces deux Foires ou
Ventes publiques doivent changer la face de la Librairie,
& préfentent des avantages fans nombre. Les princi-
paux Libraires de Province , en venant à ces Foires
deux fois par an , pourront profiter , étant dans la
Capitale, de cette circonftance pour traiter de Manufcrits : les Gens de Lettres y trouveront l'avantage
d'un plus grand nombre de concurrens. La limitation
des Priviléges forcera néceffairement les Libraires de
Paris , vers le tems de leur expiration , à convertir
leurs Livres de fortes en de nombreux affortiffemens ;
les Ventes leur en offriront de fréquentes occafions. :
ce commerce d'affortimens eft en Librairie ce qu'il y
a de plus fûr , de plus réel. On peut réalifer en fix
mois le fonds d'affortimens le plus confidérable ; un
Magafin de fortes ne peut fouvent pas l'être en dix ans.

*La nouvelle Loi favorife l'émulation , par la
concurrence qu'elle établit entre les Libraires de
Province & ceux de la Capitale : les uns les
autres ayant au bout d'un certain tems les
mêmes droits fur tous les Ouvrages.*

On paroît douter de ce principe , cependant il n'y
en a point de plus vrai. Nous n'examinerons point fi

l’Etat a eu tort ou raison de donner d’abord la plus entiere liberté de tous les Arts & Métiers , & de la restreindre ensuite.

L’examen de cette question n’a point de rapport à l’objet dont il s’agit ; car les Jurandes , les Maîtrises exclusives ne regardent que la police intérieure des Corps ; elles n’ont pas en vue la concurrence ; elles veillent sur elle , préviennent les fraudes particulieres , les indiquent , remédient aux abus ; mais elles n’arrêtent , ni n’empêchent la concurrence.

Les Priviléges en Librairie font précisément le contraire ; ils mettent dans une même main la propriété exclusive d’un Ouvrage , qui dans toutes les autres professions appartient par l’usage à tous ceux qui s’en emparent.

Un Chymiste , par exemple , aura passé sa vie à trouver un remede , il y aura dépensé toute sa fortune , ruiné sa santé ; cependant, s’il vient à publier son secret, & si l’on parvient par l’analyse à le découvrir , il perd tout le fruit de son travail ; chacun croit être en droit de l’imiter : nous avons une foule de secrets utiles, qui font dans ce cas ; je ne citerai que le Sel de Seignette : la découverte en est dûe à un Apothicaire de la Rochelle de ce nom, il l’a tenue secrette tant qu’il l’a pu ; mais MM. *Boulduc* & *Geoffroi* en ayant découvert & publié la composition , tous les Apothicaires de Paris contrefont aujourd’hui ce Sel , & les paquets qu’ils nous vendent sous le nom & le le cachet de Sel de Seignette , ne contiennent qu’un sel de leur composition , entiérement semblable, à la vérité , à celui de la Rochelle : la découverte d’un remede aussi précieux, ne méritoit-elle pas autant la protection du Gouvernement , qu’une foule d’Ouvrages revêtus de Lettres de Priviléges ? N’étoit-ce pas une propriété du même genre , une idée aussi susceptible de la même prétendue propriété perpétuelle pour l’Apothicaire de la Rochelle, qu’un Livre ? Ne pouvoit-il pas prétendre , avec autant de raison , à une vente exclusive & perpetuelle ? Cependant l’Apothicaire de la Rochelle n’a obtenu ni l’un ni l’autre.

On prétend que dans la Loi nouvelle la concur-

rence eft impraticable , parce que les Libraires de
Paris payent tout plus cher , papier , impreſſion ,
relieure , frais de magaſin.

S'il eſt queſtion de Livres nouveaux , l'objeion
tombe d'elle-même ; car n'y ayant plus de concurrence , puiſque la contrefaçon n'aura pas lieu , le
Libraire ſçaura bien mettre un prix modéré à l'Ouvrage
qui ne rebutera pas le Public. Il ne peut donc être
queſtion que de Livres dont les Priviléges ſont expirés , & que les Libraires de Paris & de Province
auront un égal droit à réimprimer.

L'objeion pour cès dernieres entrepriſes préſente
quelques fondemens ; mais il eſt aiſé d'y répondre.
D'abord ces impreſſions en Province ne ſeront pas
auſſi fréquentes qu'on ſe l'imagine , parce qu'un Imprimeur , avant de les entreprendre , conſultera le tableau ,
où , par les nouveaux Arrêts, les nouvelles Editions
ſeront inſcrites ; & il ne s'en chargera que dans le cas
d'un avantage réel. Les Libraires de Paris , par leur
poſition , peuvent aiſément former des Sociétés ; une
Edition de 1000 Exemplaires , ne produira alors pour
eux que l'effet d'un Livre d'aſſortiment. Si la fabrique
des Livres eſt plus chere à Paris , comme ils ſont en
général plus ſoignés , plus correſts , mieux reliés , il
y a une certaine partie du Public éclairé qui les pré-
fere , & qui ne tient pas à payer 5 & même 10 ſols de
plus pour avoir une belle édition.

Cette concurrence , ſans être deſtru&ive pour les Libraires de Paris , ſera utile à ceux de la Province. Comme
en tout état , on ne multiplie les denrées qu'à proportion
de la conſommation , ſi quelques Imprimeurs de Province ſe livroient imprudemment & ſans examen à
ces réimpreſſions en concurrence , le défaut de circulation leur apprendroit bientôt à être plus circonſpeſts.
Si les Libraires de Paris forment entr'eux des ſociétés
pour les impreſſions des Ouvrages de Priviléges expirés , ceux des Provinces dans les grandes Villes en
pourront faire de même. Une courageuſe & prudente
induſtrie naîtra de toutes parts. Tout ſe met dans le
Commerce inſenſiblement en équilibre. Pourquoi donc
craindre que les Libraires en général plus inſtruits ,

plus éclairés que les autres Négocians, n'apportent pas
dans leurs entreprises toute la sagesse qu'elles exigent ;
il faut laisser agir l'intérêt , ce puissant mobile de toutes
les affaires. On forme des craintes chimériques , on
augmente les alarmes , lorsqu'on dit que les Libraires
de Paris seront réduits à n'imprimer que des Mémoires
de Palais , des Romans, des petites Brochures ; lorsqu'on
nous représente les Presses abandonnées , les Ouvriers
Imprimeurs désertans la Capitale. Tout le contraire
doit arriver , & l'Article suivant en convaincra.

Rétablissement de l'Art même de l'Imprimerie.

La Loi nouvelle nous fait présager des progrès dans
le bel Art de l'Imprimerie.

Les Libraires exposés jusqu'à présent à tous les inconvéniens de Contrefaçons destructives , dans les
premiers momens même de leurs jouissances , sentoient
l'impossibilité ou la difficulté d'entreprendre aucun On-
vrage de luxe ; nous en venons de voir un exemple
par rapport à un Ouvrage moderne qui a eu beaucoup
de succès : je veux parler de l'*Histoire des Incas* , de M.
Marmontel.

L'Edition de Paris est belle , soignée , ornée de gra-
vures des meilleurs Maîtres. M. Lacombe , qui a fait
cette acquisition , pouvoit espérer qu'elle lui feroit
utile ; mais le débordement de Contrefaçons qu'il y
en a eu, a tellement nui à l'Edition de Paris , qu'on
nous a assuré que le Libraire n'avoit pas même pu
retirer ses avances. Si les nouveaux Arrêts eussent eu
lieu, Cette Edition originale se fût vendue , parce
qu'étant seule pendant quelques mois , l'empressement
du Public l'eût fait débiter ; M. Lacombe , au bout de
quelque tems , auroit fait des Editions d'un prix modéré , pour satisfaire toutes les classes de Lecteurs.

A l'avenir le Libraire de Paris , assuré d'une vente
exclusive pendant la durée de son Privilége , ne craindra pas d'employer du beau papier , des caracteres
neufs , &c. il veillera à la correction des épreuves ,
& il ne travaillera pas à la hâte : comme il sera sûr
d'être seul , il pourra joindre des Editions de luxe à

des Editions ordinaires. En fuppofant qu'à l'expiration du Privilége, il lui refte des exemplaires des premieres, il n'en fera point embarraffé, parce que les Livres de luxe ne fe réimpriment pas. Les fpéculations feront toujours affurées, & l'Art de l'Imprimerie prendra à Paris & dans les Provinces un nouveau dégré de développement.

La nouvelle Loi doit être l'époque des plus grandes entreprifes.

Les Contrefaçons étant générales, & la Police ne voulant, ou ne pouvant en arrêter le cours, il n'étoit plus poffible de fe livrer à aucune grande entreprife.

Dans le plan de la nouvelle Loi, les Contrefaçons n'ayant plus lieu, on ne courra plus le rifque dans les commencemens de la nouveauté d'une entreprife, d'une concurrence dangereufe ; la durée des Priviléges étant proportionnée à la grandeur des entreprifes, au tems qu'elles exigent, le Gouvernement intéreffé à les protéger, accordera aux Libraires le tems néceffaire pour ne pas être fruftré du fruit de leurs avances ; car les Arrêts difent que la moindre durée des Priviléges fera de dix ans, & ne les fixent point à ce tems.

Madame *Defaint* ne s'eft chargée de l'entreprife un peu lourde de *St. Grégoire de Naziance*, que parce qu'elle a cru qu'elle lui feroit utile ; elle peut être bien affurée qu'on ne la lui contrefera pas, & le Gouvernement ne lui refuferoit pas un Privilége exclufif de 50 ans, fi elle croyoit en avoir befoin.

Cette Dame eftimable a donné dans la Librairie plufieurs exemples de la hardieffe de fes vues. Le Public lui doit des entreprifes importantes ; elle feule a eu le courage de faire des defcentes chez les Libraires qui avoient attaqué fa propriété. Elle a dépenfé plus de vingt mille livres pour défendre fes droits, & fes démarches courageufes prouvent la difficulté de conftater le délit des Contrefacteurs, l'impoffibilité même d'en venir à bout, fi on n'accorde pas aux Libraires

de Paris & aux Gens de lettres , les feuls moyens
faciles que nous indiquerons dans la fuite.

Ces charmantes Editions d’*Horace* , de *Tacite*, de
Salluſte , qui honorent les Preſſes de MM. *Barbou*,
Delatour , *de Villeneuve* , &c. n’ont rien à redouter
de la concurrence , le Privilége exiſtant ou n’exiſtant
pas : leur prix eſt dans la beauté de leur exécution.
Tout ce qu’on dit à ce ſujet eſt ſi déplacé , que ces
Ouvrages étant ſans propriété , chacun a le droit d’en
entreprendre. Si certaines Editions , comme le *Térence*,
n’ont point eu de ſuccès , il n’eſt point à craindre
qu’on les réimprime à l’expiration des Priviléges. Les
Libraires de Province entendent trop bien leurs intérêts , pour attaquer ces ſortes d’Ouvrages.

Du rétabliſſement du Commerce , & de l’Impôt à 20 livres.

La Librairie gémiſſante ſous le poids des déſordres,
reprendra ſon ancien état de ſplendeur ; on projettera
ſans crainte des entrepriſes nouvelles , on s’y livrera
avec confiance , parce que le Privilége reſpecté , ga-
rantira la propriété. Sur dix Ouvrages qu’on impri-
moit autrefois , il en reſtoit huit dans les magaſins :
ce mal ne ſera plus ſi étendu : il faudroit qu’un Ouvrage fût bien mauvais , pour qu’on ne pût pas dans
le cours du Privilége en vider les magaſins , ſi ce n’eſt
en argent , au moins par la voie des échanges. Cela
n’étoit pas poſſible avant la nouvelle Loi , parce que
tout étant contrefait , grands & petits Ouvrages , bons
& médiocres , mauvais & même déteſtables , les Editions originales devoient néceſſairement reſter à la
charge des Libraires de Paris.

Pour détruire radicalement toutes les ſources de la
Contrefaçon , pour anéantir à jamais cette hydre re-
naiſſante , les Libraires de Paris & ceux des Provinces
devroient ſe réunir pour demander le rétabliſſement
de l’Impôt à Vingt livres le quintal , ou la diminution
de l’Impôt ſur le papier blanc.

L’Impôt modéré à Vingt livres étoit très-ſagement
établi & bien combiné avec l’Impôt impoſé ſur le papier

blanc ; car il eſt contraire à l'intérêt des Papeteries &
de la Librairie, qu'on ait laiſſé ſubſiſter l'un, en dé-
truiſant l'autre. Si les Libraires de Paris, que la dé-
fenſe d'une ombre de propriétés occupe dans ce moment - ci, ſçavoient défendre à propos leurs intérêts,
ils n'auroient pas laiſſé détruire cet utile Impôt ſur les
Livres étrangers, qui ne l'a été que ſur les ſpécula-
tions, ſur les demandes de quelques Libraires de Province, qui avoient un intérêt très-puiſſant à cette ſuppreſſion : ils auroient au moins remontré au Miniſtre,
que la ſuppreſſion de l'un entraînoit néceſſairement
celle de l'autre ; qu'en laiſſant ſubſiſter ce dernier, les
Étrangers s'emparoient de tout notre Commerce.
On pourroit compter actuellement ſur les frontieres
du midi de la France, à Geneve, Lauſane, Yverdun,
&c. plus de 200 Preſſes qui n'exiſtoient pas, il y a dix
ans. Les Gazettes Etrangeres ſont infectées d'avis in-
décens, où l'on annonce nos propres Ouvrages. Les
Libraires de Paris auroient repréſenté, que les Libraires de France payant un Impôt conſidérable ſur le papier blanc, qui n'a pas lieu, lorſque ce papier paſſe
à l'Etranger, les Imprimeurs Suiſſes, Genevois peu-
vent donner la feuille imprimée à 30, 40 pour $\frac{0}{0}$ meilleur
marché que dans les Provinces : auſſi les propoſent-
ils à neuf deniers. Certaines Provinces, l'Alſace, la
Franche - Comté, ſont inondées de cette eſpece de
Livres qui enlevent la ſubſiſtance d'une foule de Familles, & qui font un tort incroyable aux Imprimeries du Royaume. Ces Etabliſſemens n'auroient pas
eu lieu, ſans les Priviléges perpétuels ; les Libraires
de Province ne les ont favoriſés, parce que craignant
d'imprimer en France, ils ſe font ſouvent adreſſés à
ces mains Etrangeres. Si on n'eût pas ôté toutes les
reſſources à la Province, les Libraires auroient été
intéreſſés à les proſcrire, & les Chambres Syndicales n'y auroient jamais été favorables.
Les Etrangers n'impriment que très-rarement pour
eux les Livres François : le ſeul eſpoir de rentrer dans
le Royaume, a juſqu'à préſent donné de la vigueur
à cette multitude de Contrefaçons dont ils nous
ont inondés : s'ils ne doivent plus eſpérer de débit en

France , ils feront forcés d'y renoncer. Au lieu de réimprimer nos Livres , ils imprimeront des Livres originaux , ils les donnerot en change , parce que cela leur eft avantageux : le bénefice & l'avantage reftera donc tout entier aux Libraires de France.

Avantage des Réglemens actuels pour les Gens de Lettres , & pour les Libraires.

Ils font immenfes : s'ils veulent garder leurs Priviléges , ils feront fûrs d'une jouiffance perpétuelle pour eux & leurs defcendans; s'ils veulent en traiter avec les Libraires , ils peuvent être affurés d'en tirer aujourd'hui un prix trois fois plus confidérable qu'autrefois. On n'aura plus à leur objecter fans cefe, pour diminuer le prix de leurs Manufcrits , *le danger des contrefaçons* : la jouiffance fera limitée , mais certaine ; comme on fçait que le Privilége eft reftreint à la vie de l'Auteur , ou au tems du Privilége , on fpéculera pour en tirer le plus grand parti poffible pendant cet intervalle. On fera des Editions de luxe , des Editions communes & à bas prix , fuivant l'empreffement & les befoins du Public ; & fi l'Ouvrage a du fuccès , on tirera beaucoup plus d'avantage de cette jouiffance limitée , que d'une propriété prétendue perpétuelle , qui étoit toujours attaquée dès les premiers jours.

Cette époque nous donne l'efpérance d'une foule d'excellens Ouvrages en tout genre , parce que l'Homme de Lettres , affuré de retirer un revenu honnête de fon travail , ne craindra plus de parcourir une carriere où il pourra acquérir de la fortune & de la confidération.

A entendre le Défenfeur des Libraires de la Capitale , il femble que toute la Librairie aille tomber dans le néant.

» La fituation actuelle de chaque Libraire eft tota-
» lement dénaturée ; le douaire de cette Veuve dimi-
» mué ; la rente de ce Pere qui avoit abandonné
» fes fonds , que les enfans ne peuvent plus payer;
» des créanciers expofés à des banqueroutes né-

>> ceffaires ; dés partages qui font devenus abfolument
>> inégaux , &c. >>

Quand le Roi fe feroit emparé de toutes les fortunes de la Librairie , on ne fe livreroit pas à des
exagérations plus ridicules ; mais les Magiftrats ne
fçavent que trop apprécier ces clameurs de l'intérêt
qui fe croit léfé : nous allons en jugern.

D'abord chacun garde fon fonds , & ceux qui ont
des titres à de nouveaux Priviléges , en obtiennent.
Il eft même vraifemblable que le Chef de la Juftice
pourra prendre en confidération les repréfentations de
quelques Maifons de la Librairie , dont les fonds
n'exiftent qu'en quelques articles : ces Maifons feront
dans le cas d'obtenir des prolongations , des Priviléges plus confidérables. Comme les fonds de Librairie
s'épuifent tous les jours par la vente , on les entretient
chaque année par des réimpreffions ; ainfi les Libraires
qui ont des parts de *Racine*, de *Moliere*, de *la Fontaine*,
peuvent faire des fociétés entr'eux, prendre une Permiffion , & entretenir leurs fonds de cette efpece de
Livres. Il eft vrai qu'on accordera cette même Permiffion à quiconque voudra la demander. Mais puifque
la Contrefaçon étoit générale , ces mêmes Livres
n'étoient-ils pas réimprimés dans les Provinces ? Les
Libraires de Lyon , de Rouen, de Bordeaux , ne
s'entendoient-ils pas entr'eux pour les réimprimer
à mefure qu'ils en épuifoient leurs fonds ? Ils le
faifoient , à la vérité, fans Permiffion : mais pour le
Propriétaire , l'inconvénient n'eft - il pas le même ?
S'il y a concurrence , on tâchera de l'emporter en
faifant des Editions plus correctes : fi on n'a pas
l'efpérance de foutenir la concurrence , on s'en affor-
tira par voie d'échange. Ainfi les Arrêts , en permettant
la concurrence qui l'étoit déja par la Contrefaçon ,
ne changent réellement rien à la pofition du véritable
Propriétaire. Si dans quelques cas particuliers les Propriétaires peuvent fouffrir quelques pertes , n'en
feront-ils pas amplement dédommagés d'ailleurs par
les deux Ventes publiques ? Pourquoi donc tant regret-
ter la perpétuité de ces Priviléges exclufifs ? Ils ne
l'ont jamais été , ils le feront au moins actuellement

pour un tems limité : ils auront un prix ; ils n'en avoient plus depuis long-tems. Si l'on en excepte un très-petit nombre d'Articles, tous les Livres, depuis 15 ans, se donnoient à la Chambre à plus de 20, 30 pour cent au-deſſous du prix de la Province, accompagnés de leurs Priviléges ; & c'eſt une telle propriété que l'on regrette ? On cite le *Denizard* ; il eût été difficile de choiſir plus mal : cette compilation a été réimprimée au moins ſept fois par Madame *Deſaint* en moins de dix années ; & ſi, dans cet intervalle, cette Dame n'eût pas eſſuyé pluſieurs Contrefaçons, ce ſeul Ouvrage auroit ſuffi pour lui donner une fortune immenſe.

Néceſſité de la légitimation des Contrefaçons.

Les Libraires de Province ont tous fait des Contre-façons, ou du moins tous en vendent ; il en exiſte pour des ſommes immenſes. La ſaiſie de tant de Magaſins devenoit impoſſible, quand le Gouvernement l'auroit voulu ; & pouvoit-il le vouloir ? Tant de Contrefacteurs demandoient grace par leurs réclamations.

Ils diſoient : Qu'on nous permette de réimprimer les Livres anciens dont les Priviléges ſont expirés, & nous reſpecterons les Livres nouveaux dont les Priviléges ſont ſubſiſtans.

Une Amniſtie devenoit donc néceſſaire ; mais cette grace, en les relevant de leurs fautes, devoit les aſſujettir à les confeſſer.

Il falloit conſtater le dégré du mal pour le prévenir à jamais. Il falloit marquer la Contrefaçon, l'eſtampiller, afin que le Public pût la reconnoître, & afin que le Libraire de Province, ayant la liberté d'aſſiſter aux Ventes de la Chambre, ne pût pas faire confondre des Editions contrefaites avec des Editions originales.

Nous ne pouvons pas concevoir qu'on ne voye dans l'Eſtampille qu'un moyen ſûr de continuer les Contrefaçons. On ſe plaît à augmenter les alarmes des Libraires de la Capitale. Si les nouveaux Réglemens n'euſſent pas mis un Sceau, un Cachet à tous les Ouvrages contrefaits , c'eft alors que les Libraires de Paris , véritables propriétaires de titres & de Priviléges , auroient pu fe plaindre avec raifon , parce qu'il eft certain que l'Adminiftration n'ayant pas un moyen bien fûr pour diftinguer une Contrefaçon nouvelle d'une ancienne , quelques Libraires auroient pu , en courant cependant les plus grands rifques , comme nous le ferons voir plus bas , s'expofer à de nouveaux délits : mais l'Eftampille étant appofée fur toutes les Contrefaçons actuellement exiftantes, avec la fignature de l'Infpecteur , il ne peut plus s'en introduire de nouvelles , qu'elles ne foient reconnues. Contreferat-on l'Eftampille ? Cela pourroit avoir des fuites fort férieufes.

L'Eftampille eft le Cachet du Magiftrat ; c'eft fon Sceau, fa Signature : fi un Libraire ofoit le contrefaire , une punition exemplaire feroit le prix de fa témérité.

On a pu pouffer l'indécence jufqu'à imiter la fignature des Libraires de la Capitale ; mais il y a loin d'un pareil délit à celui de contrefaire le Cachet du Chef de la Juftice.

Des moyens d'empêcher les Contrefaçons à l'avenir.

Nous avons vu qu'un Livre qui feroit fans Privilége appartiendroit à tout le monde ; mais lorfqu'un Livre eft revêtu d'un Privilége , la propriété en devient, pour ainfi dire , facrée, par la fanction même du Souverain. Le Contrefacteur eft alors très-puniffable , parce qu'il viole une Loi du Souverain , & qu'il attente à la propriété d'un tiers , en le privant d'*un droit exclufif* que le Souverain lui accorde pour un temps limité.

Un Livre revêtu d'un Privilége qu'on contrefait , eft un véritable vol de la grace que le Roi a accordée : ce vol eft abfolument de la même nature que fi l'on s'emparoit d'une penfion ou d'une fomme quelconque que le Souverain auroit accordée ; mais la Contrefaçon d'un Livre fans Privilége n'eft point un vol :

on n'eft pas plus coupable dans ce cas, que ceux qui fe permettent de copier une Gravure, un Tableau, ou d'imiter une Machine, &c.

Une Loi nouvelle paroît aujourd'hui favorable aux Priviléges.

Les moyens que le Souverain a pris pour affurer cette jouiffance exclufive, néceffaire pendant un certain temps en Librairie, doivent ranimer les efpérance des Propriétaires; cependant quelques Libraires de Paris craignent les mêmes abus, & cette crainte eft principalement ce qui leur fait envifager ces nouveaux Réglemens avec effroi : ils craignent de perdre une propriété illimitée, quoique non exclufive, puifque la contrefaçon étoit générale, & qu'on ne vouloit, & peut-être qu'on ne pouvoit l'en empêcher; mais il la préféroient à une jouiffance limitée, exclufive, parce qu'ils affurent qu'elle ne fera pas exclufive, & qu'ils feront par la fuite expofés à tous les mêmes défordres.

Quant aux fraudes actuelles qui pourroient arriver en eftampillant, par des furprifes qui feroient faites aux Commiffaires même, en réimprimant promptement & en grand nombre les premieres feuilles des meilleurs Ouvrages, pour les faire eftampiller, & multiplier, par cette petite friponnerie, les Contrefaçons épuifées, ou prêtes à l'être; le Magiftrat a tout prévu. Les Lettres circulaires qu'il a écrites à toute la Librairie de France, prouvent qu'il s'eft occupé du foin de les prévenir. Les Libraires ont eu ordre de donner dans un tems très - court l'état détaillé de leurs Contrefaçons. C'eft d'après cet état, qui fera vérifié fur les lieux, que les Infpecteurs ont ordre d'agir. Nous n'ignorons pas, parce que le Magiftrat l'a dit publiquement, que ces derniers ont reçu des ordres particuliers pour fe mettre à l'abri de toute fraude ; ce n'eft pas fur la premiere feuille *ifolée* d'un Livre qu'on eftampille, mais fur le Livre même, entier, complet : ce n'eft pas dans les Magafins que fe fait cette opération, elle eût été fujette à trop d'ennui & de défagrémens ; les Libraires ont ordre d'apporter les paquets de *piles* dans un lieu commode où l'Infpecteur puiffe faire cette befogne à fon aife ; enfin,

le

le Magiſtrat a pris tous les moyens qu'une prudence éclairée pouvoit lui ſuggérer.

Les nouveaux Arrêts renferment en eux-mêmes des obſtacles à la continuation des Contrefaçons.

L'expérience du paſſé ne donne pas aux Libraires de Paris, un grande confiance dans l'avenir.

Ils perdent leurs propriétés perpétuelles ; ils n'auront, diſent-ils, qu'un Privilége limité, & n'en feront pas moins expoſés à tous les ravages de la Contrefaçon.

Il eſt certain que ſi les Contrefaçons ne ſont pas détruites radicalement, les Arrêts accordent beaucoup aux Libraires de Province, & ne donnent aucun avantage à ceux de la Capitale.

Toutes les réflexions de ce Mémoire portent ſur leur entiere deſtruction ; elle ſeule peut les indemniſer de la perte de la perpétuité de leurs Priviléges actuels ; car, quoique les Priviléges fuſſent attaqués de toutes parts dans les Provinces, les Libraires de Paris avoient au moins une ſorte de propriété perpétuelle dans la Capitale, & cette jouiſſance n'étoit pas abſolument ſans valeur ; mais elle ne peut être comparée aux avantages qui réſultent des nouveaux Réglemens, qui promettent formellement cette deſtruction de la Contrefaçon.

Leurs craintes ſeroient donc fondées, ſi Sa Majeſté en limitant les Priviléges, n'avoit pris en même tems toutes les précautions qui peuvent en aſſurer la jouiſſance excluſive ; & ſi ces moyens n'étoient auſſi ſimples qu'efficaces, les deux Ventes publiques à la Chambre, auxquelles les Libraires de Provinces ſeront appellés, leur donnant droit aux Priviléges, feront de chaque Acquéreur dans les Provinces autant de ſurveillans.

Les Magiſtrats, les Intendans, les Gens en place dans les Provinces, peu favorables juſqu'aujourd'hui à des Priviléges excluſifs & éternels, le feront à des Priviléges excluſifs, limités, parce qu'ils ſçavent qu'un Libraire & un Homme de Lettres doivent avoir un certain tems pour retirer du produit de leurs avances & de leurs travaux. Des Inſpecteurs ambulans, changés chaque année, peuvent ſur-tout inſtruire ſur le champ le Magiſtrat, qui a la Direction de la Librairie, des nouvelles contraventions.

L'augmentation des Chambres Syndicales, & la nouvelle forme de leur adminiſtration, préſentent de toutes parts des obſtacles; les Libraires de Province eux-mêmes, ne formant par ce nouveau Réglement qu'un Corps avec celui de la Capitale, n'auront plus cet eſprit de haine, d'animoſité, qui pour beaucoup d'entr'eux, leur faiſoit tolérer la Contrefaçon ſans la deſirer.

Les Priviléges étant limités, ſeront reſpectés en France, comme ils le ſont en Angleterre, où le Contrefacteur, puni par la Loi, ne peut eſpérer aucun adouciſſement de la peine qu'il a mérité.

Cependant, tous ces moyens peuvent être encore inſuffiſans.

Si une Armée de Commis placée ſur toutes nos fronties, ne ſuffit pas pour arrêter la contrebande; ſi le beſoin & la cupidité font braver les Galeres, & même la mort, ne peut-on pas craindre avec raiſon, que quelques Libraires n'expoſent leur état & leur fortune, dans l'eſpérance d'un bénéfice conſidérable? Si l'Adminiſtration ſe relâche, & comment croire que ſes moyens ſeront toujours en activité? Le déſordre renaîtra ſûrement, ſi ce n'eſt dans les premieres années, au moins dans les ſuivantes.

Il n'y a qu'un moyen ſûr & prompt de détruire à jamais la Contrefaçon : c'eſt d'obtenir la voie de la Plainte, & de l'Information.

Les Libraires, les Gens de Lettres doivent ſe réunir pour la demander : elle préviendra pour toujours les nouveaux déſordres ; elle empêchera l'entrée des Editions étrangeres : elle met le Libraire de Province dans l'heureuſe impoſſibilité de manquer aux Réglemens, par la grande facilité que ce moyen offre pour découvrir la contravention. Ce moyen n'eſt point d'ailleurs effrayant, comme des deſcentes autoriſées par les nouveaux Réglemens, qui ſont toujours odieuſes, qui troublent le Citoyen dans ſon aſyle, qui alarment les voiſins, qui ſemblent une eſpece d'atteinte à la liberté, chaque Citoyen regardant ſa maiſon comme un aſyle ſacré.

Un Libraire de Paris s'expoſera-t-il d'ailleurs à des

descentes coûteuses chez les Libraires de Province ?
S'ils ont des Contrefaçons, ils ne les exposeront pas
dans leur Boutique : il faudra fouiller les Magasins,
ouvrir les armoires ; qui ne voit que cela est autant
impraticable qu'odieux ? Les Libraires de Province
sçauront se mettre à l'abri de toutes les recherches,
quand le moyen de découvrir le délit ne sera pas aussi
facile que celui de la voie de la Plainte & de l'Information. Nous le répétons, c'est le seul moyen facile,
& qui ne présente aucun inconvénient : le Chef de
la Justice pourroit-il le refuser ? Les Arrêts donnent
l'assurance qu'il veut prévenir à jamais les anciens
désordres : ils s'expliquent formellement à ce sujet.

Ils disent en propres termes, & on en a fait
l'Epigraphe de ce Discours : *Une jouissance limitée, mais
certaine, est préférable à une jouissance indéfinie, mais
illusoire.*

On ne veut pas sans doute sacrifier les Gens de
Lettres, les Libraires de la Capitale, aux vues inté-
ressées de quelques Libraires de Province.

Les Anglois ont cette voie ; le récolement de deux
témoins suffit : par l'achat de deux Exemplaires, on
peut constater le délit. Aussi n'y a-t-il rien de si rare
en Angleterre qu'un Livre contrefait. Le Libraire assuré
d'une jouissance exclusive, quoique limitée à 14 années, ne craint pas de donner un prix considérable
des meilleurs Ouvrages, & y trouve presque toujours un grand avantage. Si l'Auteur survit, on lui
accorde au bout des 14 premieres années, un Privilége
dernier & définitif de 14 autres années.

Si l'Administration fait faire des descentes par ses
Inspecteurs, elles n'entraînent pas moins d'inconvénient que celles des Libraires ; elles mettent une sorte
d'alarmes dans le Commerce ; elles continuent d'entretenir la défiance. Les Libraires de Paris paroîtront
à ceux de la Province des surveillans incommodes.
La voie de la Plainte & de l'Information ne présente
aucun de ces inconvéniens ; le Libraire ne la rendra
que quand il aura dans ses mains les preuves bien
complettes de la Contrefaçon.

Quoiqu'il n'y ait point de Partie publique dans le

Tribunal du Magistrat, auquel la connoissance de ce qui concerne l'exécution des Réglemens de la Librairie est attribuée , cette circonstance ne doit point être un obstacle à ce qu'il soit permis de poursuivre les Contrefacteurs par la voie de la Plainte & de l'Information. On peut par l'Arrêt qui permettra cette Procédure, nommer un Avocat pour prendre, en pareil cas, les réquisitions convenables, ou autoriser le Magistrat à en nommer un , lorsque la partie lésée voudra user de la voie dont il s'agit.

Les Arrêts n'ont point un effet rétroactif, comme le prétendent les Libraires de Paris.

Un des grands sujets de plaintes des Libraires de la Capitale , est l'effet prétendu rétroactif des nouveaux Arrêts. Une Loi nouvelle qui fixeroit à 10, 15 & 20 années la jouissance de tout Ouvrage nouveau, ne paroîtroit entraîner pour eux aucun inconvénient , parce que le terme de la jouissance étant précis , on s'arrangeroit en conséquence ; on seroit libre d'acquérir ou de ne pas acquérir ; mais les nouveaux Arrêts, en accordant un Privilége limité , dernier & définitif aux véritables propriétaires des anciens Ouvrages ; ceux-ci, qui se croyoient un droit perpétuel , sont blessés de ce nouvel arrangement. Cependant on peut leur répondre.

Vous vous êtes établis entre vous des droits qui répugnent aux droits naturels de la Société : vous avez érigé en propriété perpétuelle une jouissance qui a toujours été limitée dans les Lettres de Privilége ; c'est sans le consentement du Souverain , contre les droits des Gens de Lettres , contre les avantages du bien commun du Public, & contre le texte des Loix existantes, que vous avez fondé cette propriété perpétuelle de Privilége. Les Libraires de Province ont de tout tems réclamé contre ces prétentions ; elles sont une invention moderne de la Librairie de Paris ; elles sont contraires à tous les progrès de l'industrie, & à tout ce qui se pratique dans le Commerce.

On pourroit encore ajouter.

Vous n'avez jamais pu férieufement compter fur ce droit de jouiffance exclufive , éternelle des Priviléges ; vous ne l'avez jamais payée. Si elle avoit lieu réellement , les Auteurs , avec lefquels vous avez autrefois traités , n'auroient-ils pas le droit de réclamer ? En effet , les Libraires de Paris y ont-ils bien réfléchis, quand ils follicitent en leur faveur des Priviléges perpétuels , que jufqu'à préfent ils n'ont jamais obtenus que limités ?

Si cette doctrine des renouvellemens de Priviléges éternels venoit à prévaloir , font - ils bien affurés qu'elle n'auroit pas contr'eux un effet rétroactif, que les nouveaux Arrêts ne renferment pas ? Si les Priviléges , de limités qu'ils ont toujours été , devenoient perpétuels , les defcendans de tant de Grands-Hommes , dont les Ouvrages forment encore actuellement la majeure partie des fonds de la Librairie moderne , ne feroient-ils pas bien fondés à demander pour eux une grace , qui n'exiftant pas quand leurs ayeux ont vendu ou cédé leurs Manufcrits , ne doit pas établir un droit de préférence pour les Libraires, à leur préjudice ? Croit-on que les héritiers du Grand Corneille , de l'immortel Racine, de l'incomparable Fénélon, &c. auroient mauvaife grace de réclamer, à la faveur de ce droit nouveau , une jouiffance exclufive , qui n'exiftant pas lors de la premiere ceffion , doit leur appartenir de préférence aux Libraires de Paris ? Puifque ces derniers prétendent qu'un Privilége n'établit point un titre de propriété , ils feroient donc obligés à repréfenter ce titre ? Et en fuppofant qu'ils fuffent en état de le reproduire , qu y verroit-on ? Une ceffion de droits , qui , n'étant relative qu'à des Priviléges , qui alors étoient limités , ne pourroient jamais donner un titre de propriété perpétuelle , dans le cas où les Priviléges deviendroient perpétuels.

Que les Libraires de Paris prennent la peine de méditer fur ces idées , & qu'ils jugent dans quels abymes de procès ces prétentions exclufives, fi le Magiftrat pouvoit les réalifer , les jetteroient !

La Loi nouvelle ne change donc rien à leur pofition ;

elle n'a point un effet rétroactif ; car , pour que cela
fût , il faudroit que les Priviléges euſſent été autrefois
perpétuels , & ils ont toujours été limités. Les Réglemens ne les dépouillent point de leur propriété : les
Libraires gardent leurs fonds ; le Roi leur donne même
la facilité de les entretenir ; tous les Livres qu'ils ont
imprimés & réimprimés juſqu'à préſent , ils peuvent
continuer toujours de les réimprimer à l'avenir.

*Nous allons préſenter en peu de mots l'enſemble & le
réſultat de ce Mémoire.*

La Contrefaçon exiſtoit généralement dans tout le
Royaume.

Le Gouvernement ne pouvoit , ou ne vouloit l'en
empêcher : l'abus des Priviléges renouvellés , en étoit
la principale cauſe.

Si les Priviléges ſont éternels & excluſifs , ils ne ſeront
jamais reſpectés : s'ils ſont limités , ils ſeront excluſifs ,
parce que les Magiſtrats ſeront portés à les favoriſer.

La Contrefaçon ruinoit la Librairie de la Capitale ;
elle étoit un obſtacle à toute nouvelle entrepriſe ;
elle portoit le plus grand préjudice aux Gens de Lettres ,
& à la Littérature.

Un nouveau Réglement pouvoit ſeul couper le mal
par la racine : il devoit avoir pour objet les Priviléges , les Contrefaçons anciennes , & celles à venir.

Le Privilége ne donne , ni n'ôte la propriété ; c'eſt
une grace du Souverain , qu'il peut reſtreindre à ſa
volonté , & accorder à qui il lui plaît.

La propriété proprement dite , eſt le *jus in re* , elle
ne peut exiſter ſans un objet.

Les Priviléges ne ſont pas néceſſaires pour imprimer un Ouvrage , une ſimple Permiſſion ſuffit ; on n'en
accorde qu'à ceux dont on veut que la jouiſſance ſoit
excluſive pendant un certain tems. L'Auteur & le Libraire ne ſont pas par ces Lettres de Priviléges , accor-
dées en concurrence , dépouillés de leurs propriétés.
Le premier conſerve à jamais le droit de propriété de
la compoſition de ſon Ouvrage. Le ſecond conſerve

la propriété de fon fonds , & la liberté de le renouveller tant qu'il lui plaît. La Permiffion d'imprimer à
l'expiration du Privilége , permet feulément une concurrence qui a lieu pour toutes les autres productions
de l'efprit , & qui même a toujours eu lieu pour les
Livres , quand ils ne font pas revêtus de Priviléges.

Il eft néceffaire que les Priviléges foient exclufifs
pendant un certain tems , afin de donner à l'Homme
de Lettres , ou à fon Ceffionnaire , le tems de retirer
de l'avantage de leurs travaux & de leurs avances.

La contrefaçon d'un Livre fans Privilége n'eft point
un vol ; mais toute contrefaçon d'un Ouvrage revêtu de
Privilége eft un vol , parce qu'on dépouille un Citoyen
de la grace du Privilége exclufif que le Souverain a
bien voulu lui accorder.

La limitation des Priviléges eft l'unique moyen de
détruire le monopole : la Contrefaçon n'a peut-être
été tolérée , que parce qu'elle produifoit l'effet de la
limitation. Si un Auteur & un Libraire reftoient à perpétuité propriétaires exclufifs de leurs Ouvrages , ils
feroient les maîtres d'y fixer un prix onéreux au Public : le Privilége limité les oblige à établir un prix
modéré , à faire des Editions à des taux différens , afin
de retirer le plus de bénéfice poffible dans le tems limité
de leur jouiffance.

Les Contrefaçons anciennes font en fi grand nombre , qu'elles ne font plus faififfables : il en exifte pour
plus de fix millions. Un pardon général devenoit néceffaire : il faut les eftampiller , parce que toutes étant
ainfi reconnues , on ne pourra pas les multiplier davantage.

Quant aux Contrefaçons à venir , les moyens pris
par l'Adminiftration peuvent les empêcher en partie ;
mais ils font infuffifans pour les profcrire entiérement.

Les Gens de Lettres , les Académies , les Univer-
fités , les Libraires doivent fe réunir pour demander
la voie de la Plainte & de l'Information.

La limitation des Priviléges pouvant feule arrêter la
Contrefaçon , celle-ci étant anéantie , la Librairie doit
fe relever : on ne craindra plus de fe livrer à des fpéculations utiles : on n'aura plus le défagrément d'éprou-

ver une concurrence deſtructive dès les premiers jours de la publication d'un Ouvrage.

Les nouveaux Arrêts ſont favorables à tous les progrès de l'induſtrie, Papeterie, Relieure, Gravure, Imprimerie ; les Gens de Lettres & les Libraires peu- en tirer un parti très-avantageux, la Contrefaçon étant détruite à jamais. Des fonds nombreux de ſortes, qui n'avoient nulle circulation, vont ſe ſubdiviſer en des milliers d'aſſortimens, qui pourront ſe réaliſer promp- tement aux deux Foires. La voie des Echanges bien entendue, reprendra ſon ancienne activité.

Ceux qui ont acquis des Priviléges à un taux con- ſidérable, & il y en a bien peu, ſeront fondés à ſolliciter un renouvellement de Privilége un peu long, que le Magiſtrat ſera porté à leur accorder.

Les Gens de Lettres trouvent dans ces Arrêts un avantage immenſe : la jouiſſance étant certaine, ils ſont ſûrs de tirer de leurs Ouvrages un parti plus conſidérable que ci-devant ; car il n'y a perſonne qui ne ſente qu'une jouiſſance excluſive, à l'abri de toute concur- rence, eſt infiniment préférable à cette même jouiſſance, quoique perpétuelle, qui ne ſeroit pas excluſive.

Il faut d'ailleurs convenir qu'on n'a jamais payé la jouiſſance éternelle d'un Livre : on achere l'eſpé- rance d'une première, ſeconde, troiſiéme Edition.

Si ces Editions ſe font à des intervalles de temps conſidérables, le bénéfice n'eſt alors que le bénéfice ordinaire de toute autre entrepriſe de Commerce, où, en courant des événemens, on place ſon argent à 6, 8, 10 pour cent.

Enfin les nouveaux Réglemens nous paroiſſent être le préſage de la proſpérité pour les Gens de Lettres, les Libraires de Paris, & ceux de la Province ; & l'on doit eſpérer que la Librairie reprendra enfin ſon ancien état de ſplendeur, & que le ſacrifice d'une ombre de propriété ſera ſuffiſamment compenſé par les avanta- ges que préſentent ces nouveaux Arrêts, les Contre- façons étant détruites à jamais.

P. S. Quelques Libraires de la Capitale ont refuſé de donner leurs titres de propriété, dans l'eſpérance
que

que ces Arrêts feront un jour retirés ; fi cela arrivoit ;
ce feroit un très-grand mal , & c'eft alors qu'ils pourroient bien dire qu'ils ne poffedent plus aucune propriété : car tout ce qui a été contrefait le feroit de
nouveau , tout ce qui ne l'a pas été deviendroit la
proie du Contrefacteur avide ; on ne pourroit plus fe
livrer à aucune entreprife nouvelle. Les Gens de Lettres
feroient les premieres victimes de cette fuppreffion : les
Priviléges, qui font le plus bel attribut de leurs propriétés
& de celles des Libraires , qui n'ont prefque jamais été
refpectés , qu'on veut faire refpecter par ces nouveaux
Réglemens , le feroient encore moins que jamais ; &
les Magiftrats qui auroient voulu faire le bien , rebu-
tés des obftacles qu'ils auroient éprouvés , fentiroient
plus que jamais toute leur impuiffance pour faire profcrire à l'avenir les Contrefaçons.

Les Libraires de Paris feroient bien fondés à demander
que les Contrefaçons eftampillées des Ouvrages un peu
confidérables , & dont il exifte de gros nombres en Province , n'entraffent pas dans la Capitale, au moins de
quelques années. L'entrée d'une Edition contrefaite à
gros nombre pourroit porter préjudice à quelques Maifons , & faire d'autant plus de tort pour la Vente de
Paris, que la Contrefaçon approcheroit davantage de
l'original. Si on obtient cette défenfe , & la voie de la
Plainte & de l'Information , l'Auteur de ce Difcours
eft intimement convaincu que les Arrêts , fi on en
maintient la rigoureufe exécution , bien - loin d'être
défavorables à la Librairie de Paris , peuvent être une
fource de fortunes pour la plupart des Libraires. La
concurrence d'impreffion pour les anciens Ouvrages,
dont les Priviléges font expirés , eft un très-petit mal
dans la réalité ; car elle aura bien moins lieu par la
voie des Permiffions , que par celle des Contrefaçons ;
parce que ces dernieres fe faifant dans l'ombre du
myftere , fe multiplioient fouvent fans néceffité , &
que le même Ouvrage étoit contrefait dans dix endroits
à la fois. Comme les réimpreffions des Ouvrages anciens
feront infcrites fur le *Tableau*, les Libraires de Paris &
de Province s'entendront pour prévenir une concurrence ruineufe.

F I N.